الكسورية المفضلة لدي
المجلد 1
بواسطة ديفيد إي ماك آدامز

تم إنشاء الصور في هذا الكتاب باستخدام برنامج Fractal Forge. يمكن تنزيل برنامج Fractal Forge https://sourceforge.net/projects/fractalforge/

حقوق الطبع والنشر 2021، Life is a Story Problem, LLC. جميع الحقوق محفوظة. لا يجوز نسخ أي جزء من هذه الوثيقة أو إعادة إنتاجها أو تخزينها بأي طريقة دون الحصول على موافقة كتابية صريحة من حامل حقوق الطبع والنشر.

كتب أخرى لديفيد إي. ماك آدامز

ألوان الببغاوات - مقدمة لمفهوم الألوان باستخدام رسوم توضيحية للببغاوات. للأطفال في سن ما قبل المدرسة.

ألوان الزهور - مقدمة لمفهوم الألوان باستخدام رسوم توضيحية للزهور. للأطفال في سن ما قبل المدرسة.

ألوان الكون - مقدمة لمفهوم الألوان باستخدام صور من وكالة ناسا. للأطفال في سن ما قبل المدرسة.

الاشكال - مقدمة للأشكال. للأطفال في سن ما قبل المدرسة.

الأرقام - مقدمة لمفهوم الأرقام. للصفوف من K-2.

ما هو أكبر من أي شيء (اللانهاية) - مقدمة لمفهوم اللانهاية. للصفوف من 1 إلى 3.

Swing Sets (Set Theory) (باللغة الإنجليزية) - مقدمة لنظرية المجموعات. للصفوف من 2 إلى 4.

One Penny, Two (باللغة الإنجليزية) - إذا تضاعفت قرش جيري كل يوم، فكم من الوقت سيستغرقه حتى يتمكن من شراء سيارة رياضية خضراء داكنة؟ للصفوف من 3 إلى 6.

مجموعة أنشطة التعلم باستخدام أموال اللعب - قم بتعليم الأعداد الكبيرة والعد بأكثر من 1,000,000 دولار من أموال اللعب.

الكسيرة المفضلة لدي (المجلدان 1 و2) - كتب مصورة للكسور الرائعة مقدمة كصور عالية الدقة. لجميع الأعمار.

All Math Words Dictionary (باللغة الإنجليزية) - قاموس رياضيات لطلاب ما قبل الجبر والجبر والهندسة وما قبل حساب التفاضل والتكامل.

The First Million Digits of Pi (باللغة الإنجليزية) - أول مليون رقم من باي. لجميع الأعمار.

The First Million Digits of e (باللغة الإنجليزية) - أول مليون رقم من ثابت أويلر e. لجميع الأعمار.

The Square Root of Two to One Million Digits (باللغة الإنجليزية) - أول مليون رقم من الجذر التربيعي لـ 2. لجميع الأعمار.

The First Hundred Thousand Prime Numbers (باللغة الإنجليزية) - أول مائة ألف عدد أولي. لجميع الأعمار.

Geometric Nets Project Book (باللغة الإنجليزية) - 80 شبكة هندسية لنسخها وقصها ولصقها معًا في شكل متعدد السطوح ثلاثي الأبعاد. للأعمار من 9 سنوات فما فوق.

Geometric Nets Mega Project Book (باللغة الإنجليزية) - 253 شبكة هندسية لنسخها وقصها ولصقها معًا في شكل متعدد السطوح ثلاثي الأبعاد. للأعمار من 9 سنوات وما فوق.

للحصول على قائمة محدثة، راجع https://www.DEMcAdams.com.

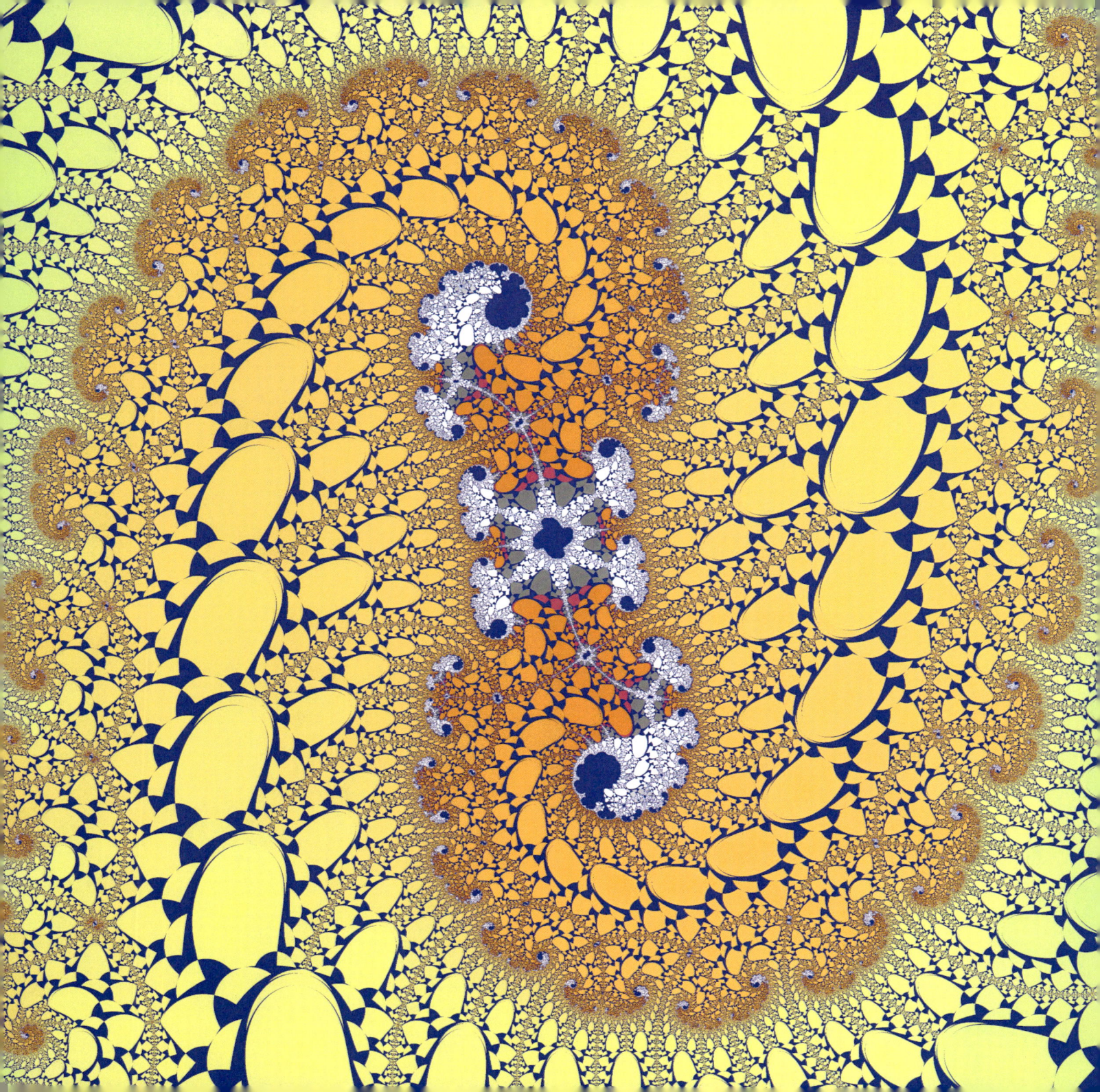

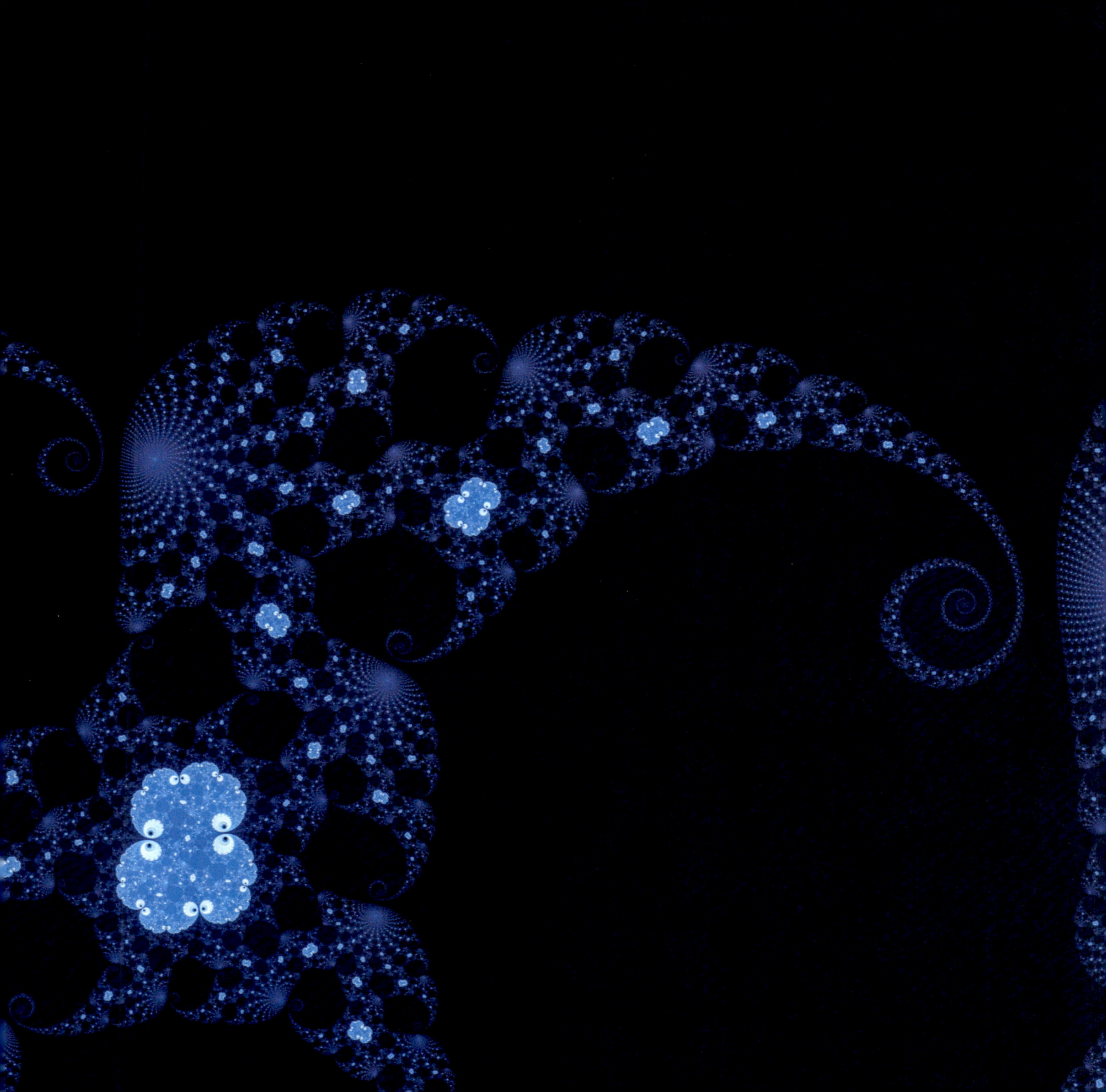

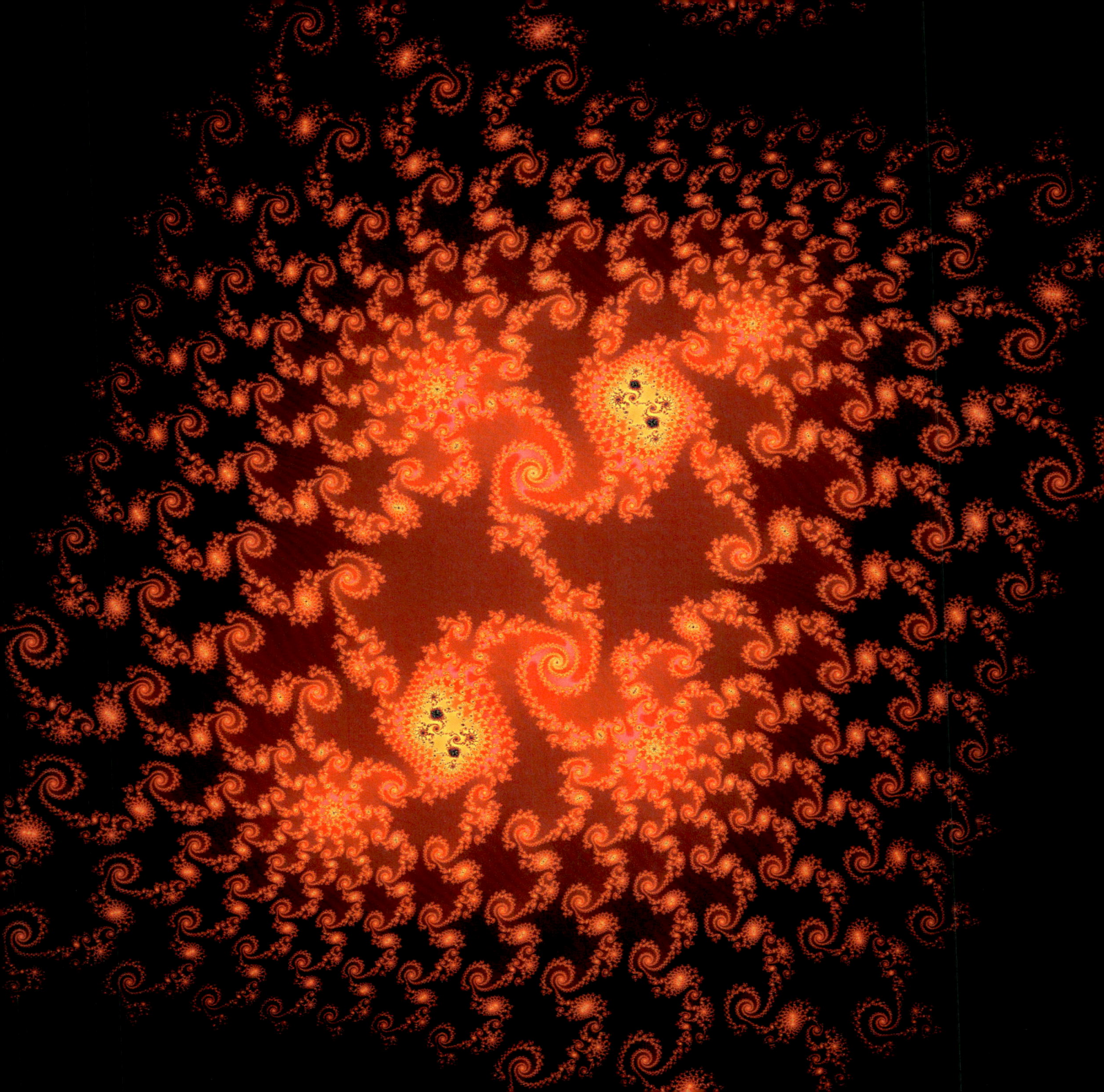

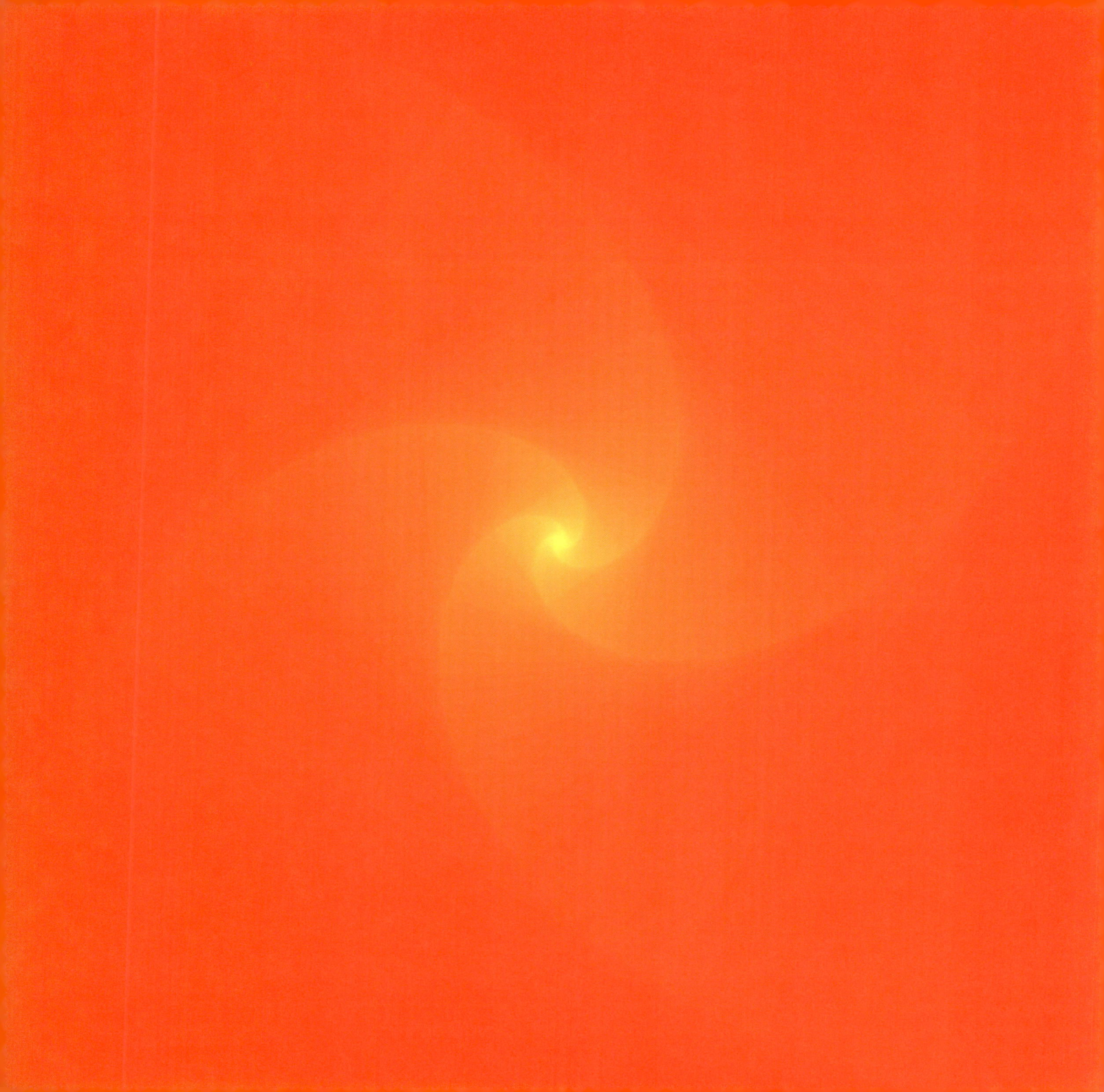

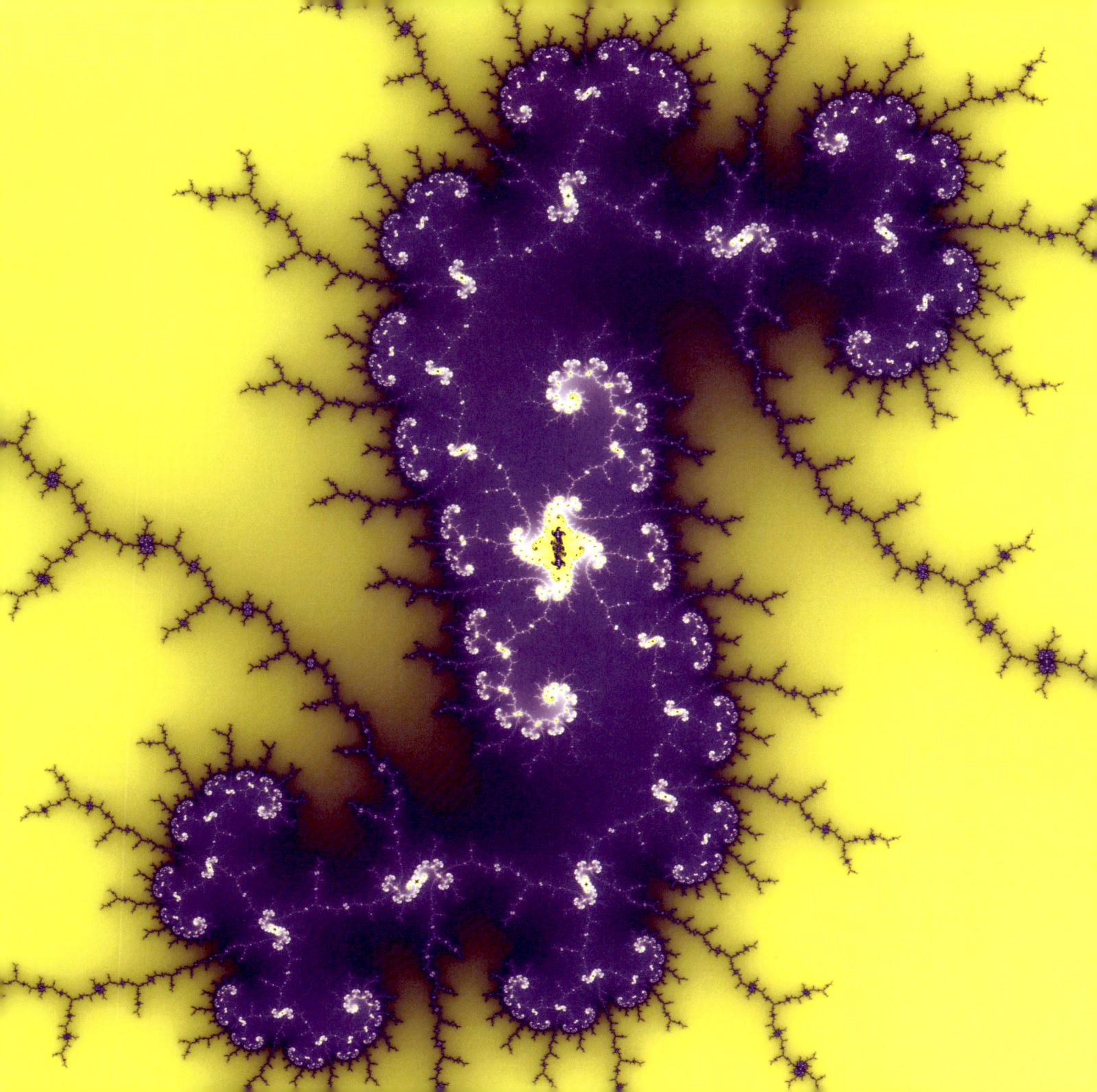

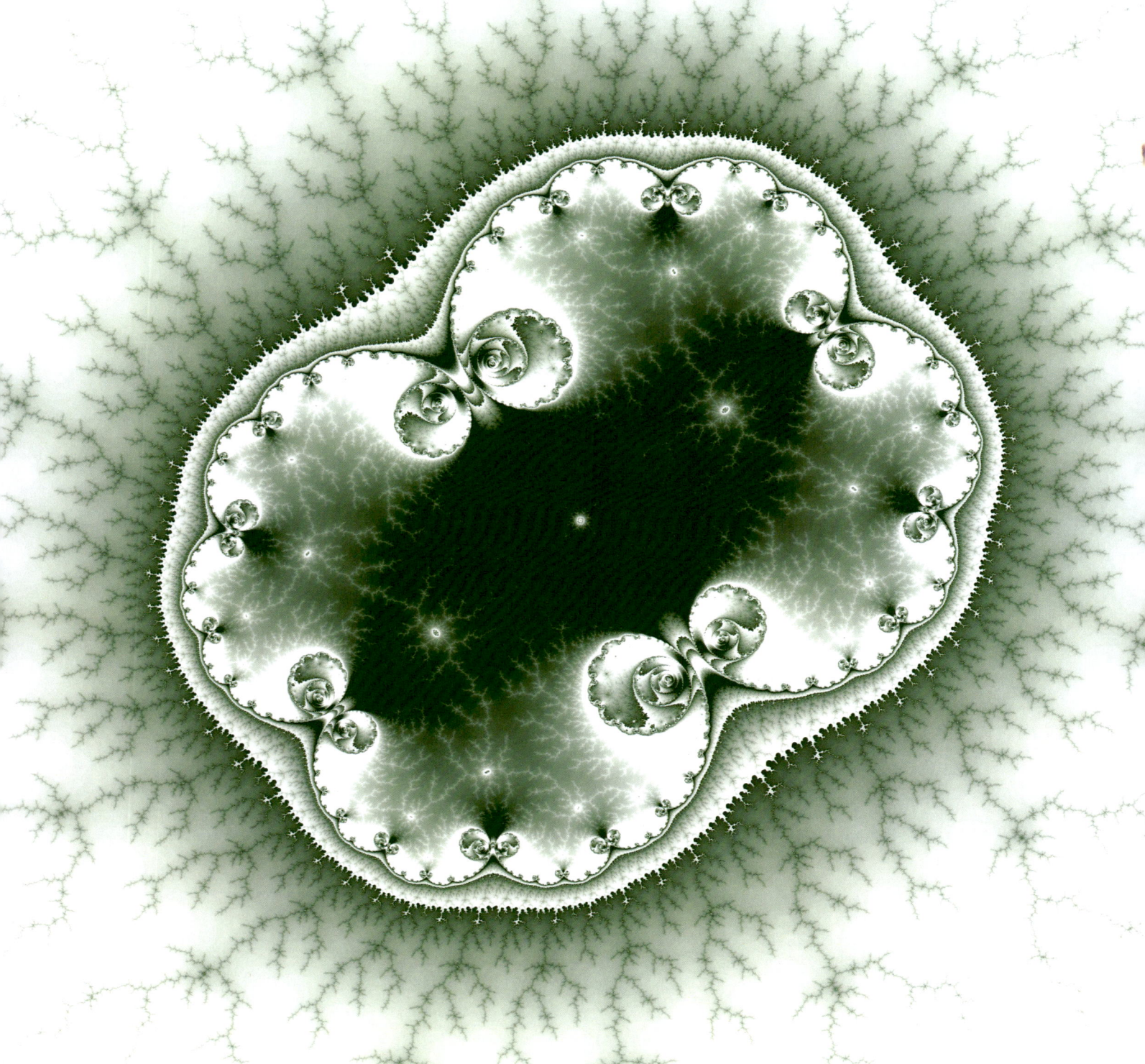

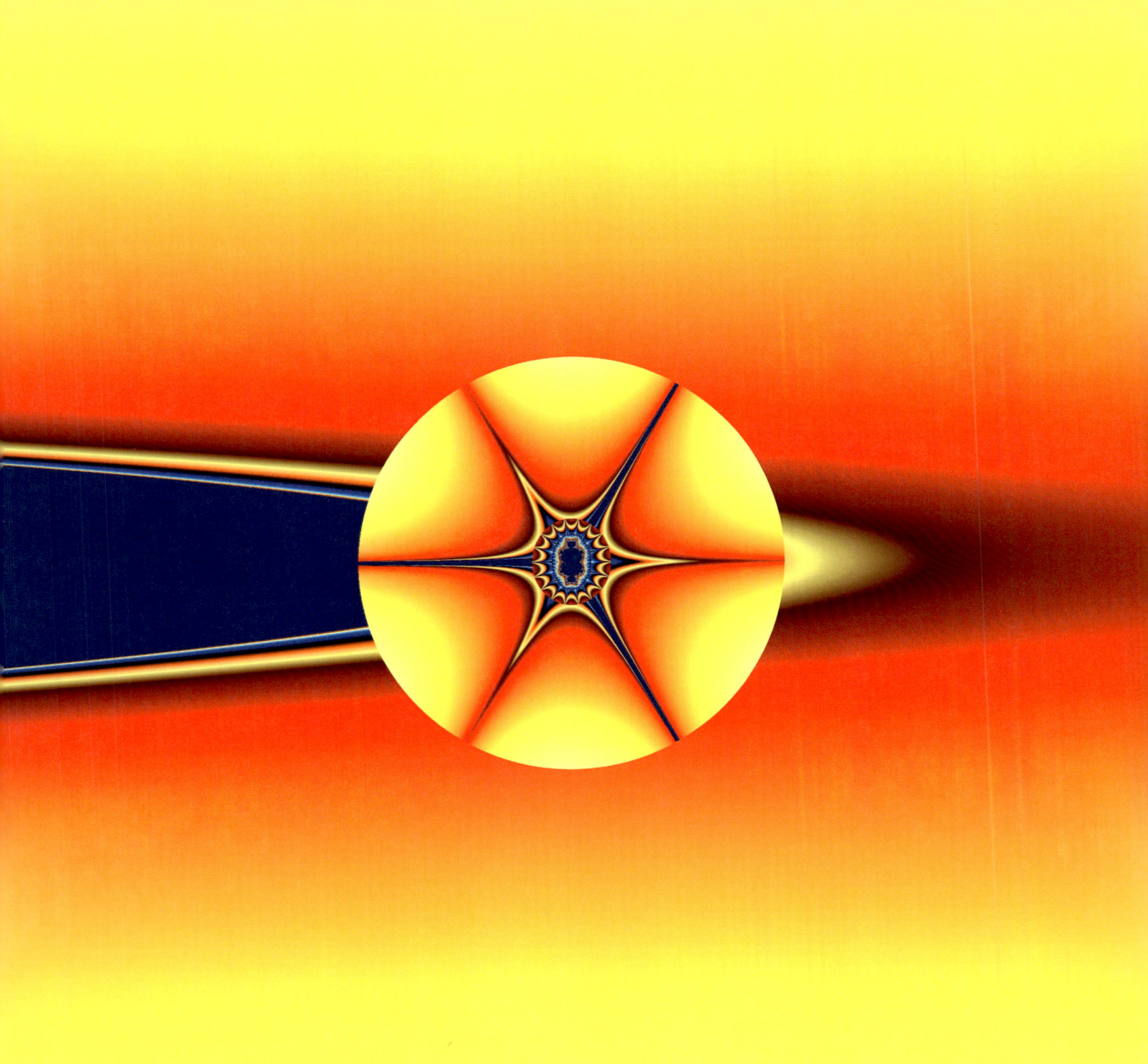